新任居委会主任和委员工作指南

上海静安区居委会工作研究会 / 著

上海社会科学院出版社
SHANGHAI ACADEMY OF SOCIAL SCIENCES PRESS

序一　浅谈社区工作者的价值

社区是社会的基本单元，也是社会工作专业人才开展服务的重要平台。社区工作质量关系到社会发展大局，因此就成为国家治理的重要领域。

2014年年底，上海市委发布《关于进一步创新社会治理加强基层建设的意见》和6个配套文件后，基层社区回应积极。借着“一号课题”东风，各区对助力社区工作队伍建设出台了不少政策。静安区居委会工作研究会也呼应现实，结合社区基层队伍的提升需求，形成了《新任居委会主任和委员工作指南》。此举措至少有如下两个方面的积极涵义。

社区工作者应该成为职业服务工作者

任何职业的发展都要追求其工作技术的独特性和权威性。独立是行业的前提条件，也是对社区工作者的专业要求。随着城市体制改革和社区工作深入，社区专职工作者会稳步取代传统的居委会干部。居委会主任和委员作为社区工作者，在凝聚群众的基础上也面临着职业化和专业化的要求。保持高素质、高意愿的工作状态，是其实现职业发展的关键。本书提出了相对完整的社区工作者能力体系，涵盖了居委会主任和委员的岗位职责、能力测评方法等，可以作为社区工作者自我增能的有效参考。

社区工作者是多重角色的集合

社区工作者可以学习和实践社会工作者的“液体角色”，在不同场合有相应表现。社区工作者可以是水，荡漾服务对象的心灵，优化其认知、情感和行为；在必要时，化水为汽以指引方向，转水为冰以巩固团队。社区工作者也可以是润滑油、胶水、汽油……，以协助社区居民达到预期目标。本书围绕社区场域，关注新任居委会主任和委员的工作任务，呈现其在不同场景中所需的不同能力和各别角色，因此可以协助社区工作者更好地直面实际问题，并在过程中实现综合实力提升。

本书系统论述了社区工作所需的经验方法，书中的观点、案例和方法对于社区工作者都具有较高指导价值。此书是面向新任居委会主任和委员的实战宝典。它既是新任居委会主任和委员必备的工作指南，也是开展社区工作岗位培训的良好教材。

此书与大家见面，可喜可贺。愿各位社区工作者能学有所得，学有所用！

复旦大学社会工作学系
中国社会工作教育协会
顾东辉

序二　新时代下社区工作者的新作为

2019年11月2日，习近平总书记在上海视察时发表重要讲话指出“要推动城市治理的重心和配套资源向街道社区下沉，聚焦基层党建、城市管理、社区治理和公共服务等主责主业，整合审批、服务、执法等方面力量，面向区域内群众开展服务。”那天下午，习近平总书记来到我所在的长宁区虹桥街道，当时我在现场，感到十分振奋。总书记对社区工作的关心和重视，让我对自己从事了大半辈子的这份事业充满了自豪感。

上世纪90年代初，我三十岁出头，来到长宁区虹储居民区。从那时候起，我就在基层扎了根，管鸡毛蒜皮，管家长里短，一干就是近30年。这30年来，我们的党和国家不断发展壮大，老百姓的生活日新月异，时代在变，而我的初心始终没有改变。我的初心就是立足基层，全心全意为民服务的真心，就是千方百计为民排忧解难的操心。

记得刚到虹储居民区做党总支书记没多久，我就敲掉了居委会办公室的门，向居民公开电话号码，从一开始的BB机到后来的手机，每天24小时开机，并要求自己和班子成员每人每月至少要走访50户人家，第一时间解决他们的问题。比如国家产业结构转型那阵子，一大批工人遭遇“下岗潮”，饭碗没了，人心散了，矛盾也多了。看到老百姓心急，我比他们还要急。那些天，我们跑单位、找资源，终于成功帮助286个居民再就业。饭碗问题解决了，这还不够。1998年，我在虹储推出“时间储蓄银行”，由在职党员干部示范带头，一个党员一面旗，公开住址和特长，为居民服务。社区资源一一配对，互帮互助，小区越来越像一个和谐友爱的大家庭，连续25年被评为上海市文明小区。

虽然也取得了一些成绩，但不得不承认，我们那个时候做事情，凭的是满腔的工作热情和敢闯敢试的勇气，并没有什么系统性的指南或攻略来指导。现在看到这本《新任居委会主任和委员工作指南》，深感这对于加强社区干部队伍建设、夯实基层治理工作基础而言，扎扎实实地做了一件好事。

虽说这是一本服务于“新任居委会主任和委员”的工具书，但是在我看来，对于在社区工作“摸爬滚打”好些年的“老法师”，也一样能从书中获益良多。从试水温、深呼吸、测浮力、稳站立到谙滑行，以“游泳”的学习步骤，比喻一名社工在社区这片蓝海里畅游的过程，将一名社工从青涩到成熟的成长过程作为线索，串联起社区工作全局介绍、工作岗位职责要求、基层人员能力培养、社区事务处理等方方面面，并辅以了简单易懂的工作流程图示、实用性表单等，既专业又实用，可操作性非常强。

“人民城市人民建，人民城市为人民。”社区治理，最后还是要落到一个“人”字上面，人才的培养至关重要。退休后，我用心做好“萍聚工作室”，从服务社区到服务社会，培养更多社区能人和“小巷总理”，回报组织，感恩社会。本书的撰写者——上海静安区居委会工作研究会，作为专业的社会中介力量，同样是立足社区、服务社会，致力于为居委会提供支撑服务、资源链接、政策宣传等服务。正是有了一大批社会组织等第三方力量的加入，让新时代背景下的社区治理工作更有活力、更具生命力。

上海市委发布“1+6”文件后，对于社区工作的政策支持、队伍建设、社会认同等都有很大提升，越来越多的年轻人选择社区、选择基层，加入到了这支富有战斗力的队伍之中。2020年，我们共同经历了一场非同寻常的新冠肺炎疫情考验。全国上下在党和政府的坚强领导下，交出了一份漂亮的社会治理答卷，让全世界看到了中国力量、中国风范。这其中，千千万万的社区工作者用使命与担当经受住了考验，筑起了最坚强的基层防线。希望越来越多的社区“后浪”能在这本工具书的辅助下，用好新思想，学好新本领，不断提升综合能力和素养，参与到社会治理现代化的建设进程中，共创新时代的美好生活！

上海市长宁萍聚工作室党支部书记
上海市居村协会会长
上海市劳模协会副会长
全国优秀社区工作者
朱国萍

致新任居委会主任和委员

亲爱的新任居委会主任、委员：

你们好！

非常欢迎你们加入社区这个大家庭，也衷心感谢你们选择了社区工作。你们的到来，为这个行业增添了新力量、注入了新活力。从现在起，我们将紧密团结，为社区发展、社区治理共同努力。

当前，社区治理重心不断向基层下移，对社区工作者的能力和素质提出了更高要求。2014年，上海市委“创新社会治理　加强基层建设”一号课题形成了系列成果，通过顶层设计，选优配强居民区带头人队伍，率先在全国建立社区工作者职业体系。同时，上海市民政局会同有关部门、各区职能部门，围绕做实基层力量，加强制度供给，制定了队伍培训、薪酬体系、劳动关系、换届选举等系列配套文件，为你们的成长成才厚植肥沃土壤。

环境的转换、身份的转变、认知的转化，都是一个值得热切期待的新起点、新开端。很高兴你们投身社区，成为居委会一员。居委会不是专治疑难杂症的老中医，而是社区发展走势的把脉者。社区服务最大的核心，在于体现对居民的尊重和关注，这或许也是社区工作的意义吧。

那么，怎么对社区事务抽丝剥茧，怎么在社区获得个人成长，怎么实现社区服务的核心价值呢？我们提供了这本《新任居委会主任和委员工作指南》（简称《指南》），希望它成为你踏上工作岗位的好帮手。

本《指南》适用于所有居委会主任和委员。针对居委会主任、委员入职后面临的挑战和不适，结合社区工作任务要求，本《指南》围绕社区全局介绍、社区工作岗位职责、社区工作者能力匹配、社区工作行动计划、社区事务应对策略五方面，展示易于操作的实践方向。值得一提的是，本《指南》还梳理了居委会主任、委员的工作事务流程、日常工作清单、能力模型架构等内容，绘制可供学习参考的工具、表单，由表及里、循序渐进，希望为你们提供思路启发和借鉴。

“上面千条线，下面一根针”，社区就是社会的缩影。城市建设、社会治理，离不开每一位社区工作者的奋斗。人民城市人民建，人民城市为人民！现在，社区已为你们搭建好舞台、敞开了怀抱，愿你们能在社区这片蓝海里尽情畅游！

祝好！

上海静安区居委会工作研究会

2021年3月于上海

目录

试水温·了解社区工作

小练习

说到“居委会”“社区工作”，你第一反应有哪些关键词？

➡

每每提起居民委员会（以下简称“居委会”），提起社区工作，人们往往将其与繁重琐碎的居民调解、鸡毛蒜皮的家长里短联系在一起。然而，在社会转型的驱动下，社会结构发生变化，人们的行为方式、生活方式、价值体系都在发生明显变化。因而，社区工作围绕“人”的服务，也不再是传统的“婆婆妈妈”。

社区是人们生活的共同体。如今，社区形态以及社区治理中，不断涌现了许多新问题和新情况，社区工作也逐步在适应新形势。这个过程中，居委会作为基层组织的作用和功能日益凸显。

居委会是居民自我管理、自我教育、自我服务、自我监督的基层群众性自治组织。作为居民自治的组织者、推动者和实践者，居委会主任、委员进入社区的第一课，便从了解社区和了解社区工作开始。

一、社区工作的主要任务

居民委员会以服务居民为宗旨，承担下列主要任务：[1]

1. 组织居民制定并遵守自治章程和居民公约，召集居民会议，执行居民会议决定，开展自我管理、自我教育、自我服务、自我监督；

2. 调解民间纠纷；

3. 指导和监督业主委员会开展工作，维护居民和业主的合法权益；

4. 支持和引导居民区内的社会组织、企业事业单位、志愿者等社会力量参与居民区治理，开展社区协商；

5. 依法协助政府及其派出机关做好与居民利益相关的公共服务、公共管

1. 上海市人民代表大会常务委员会. 上海市居民委员会工作条例. 2017.

理、公共安全等工作；

6. 组织居民对街道办事处、乡镇人民政府和区人民政府职能部门派出机构及居民区相关公共服务单位进行工作评价；

7. 向街道办事处、乡镇人民政府反映居民的意见、要求和提出建议；

8. 法律、法规规定的其他任务。

二、社区治理体系架构

建立以居民区党组织为领导核心，居委会为主导，居民为主体，业委会、物业公司、驻区单位、群众团体、社会组织、群众活动团队等共同参与的社区治理架构。

居民区党组织，是居民自治工作的领导核心；居民会议，是居民开展自治活动的决策机构；居委会，是居民自我管理、自我教育、自我服务、自我监督的基层群众性自治组织，是居民自治的组织者、推动者和实践者，居委会对居民会议负责并报告工作。居委会根据工作需要设立若干委员会，分设若干居民小组。

居委会支持和引导居民区内的社会组织、企业事业单位、志愿者等社会力量参与居民区治理，开展社区协商；居委会可采取居民区联席会议等形式，组织居民代表、业主委员会、物业服务企业、社区民警、志愿者以及居民区内企事业单位、社会组织、群众活动团队等的代表，就社区公共事务开展民主协商，并可以根据需要，邀请街道办事处、乡镇人民政府或者区人民政府相关职能部门参加。

三、我的社区概况

社区是进行一定的社会活动、具有某种互动关系和共同文化维系力的人类群体及其活动区域。[2] 社区的组成要素有五个：人口、地域、共同活动、设施和社区意识。

对于居委会主任和委员来说，把握所在社区的信息，是做好社区工作的前提条件。结合社区的概念、基本要素和类型，我们设计了一份社区档案信息表及填写说明（见表1），可供参考。

表1　社区档案信息表

所属街道（镇）			所在居委会	
1	社区类型			
2	地域范围			
3	人口状况			
4	发展历史			
5	社区文化			
6	社区资源			
7	实务工作			
8	其他			
填写说明				
1. 社区类型		包括旧里小区、老公房（售后房）小区、商品房小区、涉外小区、别墅区、混合型小区等		

2. 郑杭生. 社会学概论新修. 北京：中国人民大学出版社. 2003.

（续表）

2. 地域范围	包括社区总面积、社区所含小区数量（小区名称）、社区各分块或分片数量及面积、楼组数量等
3. 人口状况	包括社区总户数；社区户籍人口数、常住人口数（含男女比例）；社区党员人数；社区团队数量（含核心骨干人数）；社区特殊群体数量等
4. 发展历史	包括社区建设时间、筹备历史、获得荣誉等
5. 社区文化	包括历史故事、社区名人、人文特色等
6. 社区资源	包括组织资源、社会资源、人力资源、物力资源、财力资源等
7. 实务工作	包括居委会现有条线工作、负责该工作的社区工作者；居委会现阶段重点及特色工作等
8. 其他	可根据实际工作，自行增加内容

四、其他需要知道

在了解社区的基础上，我们建议居委会主任、委员还要掌握以下信息（见图1）：

- 一个依据：《上海市居民委员会工作条例》
- 一个账号：各区综合治理信息平台
- 一个规范：各区居委会标准化建设
- 一个要求："全岗通"工作要求
- 一个制度：三会制度
- 一支队伍：除了班子成员，还有楼组长、志愿者等

● 一个自选动作：如静安区社区分析工具/宝山区社区通/邻里中心空间营造等

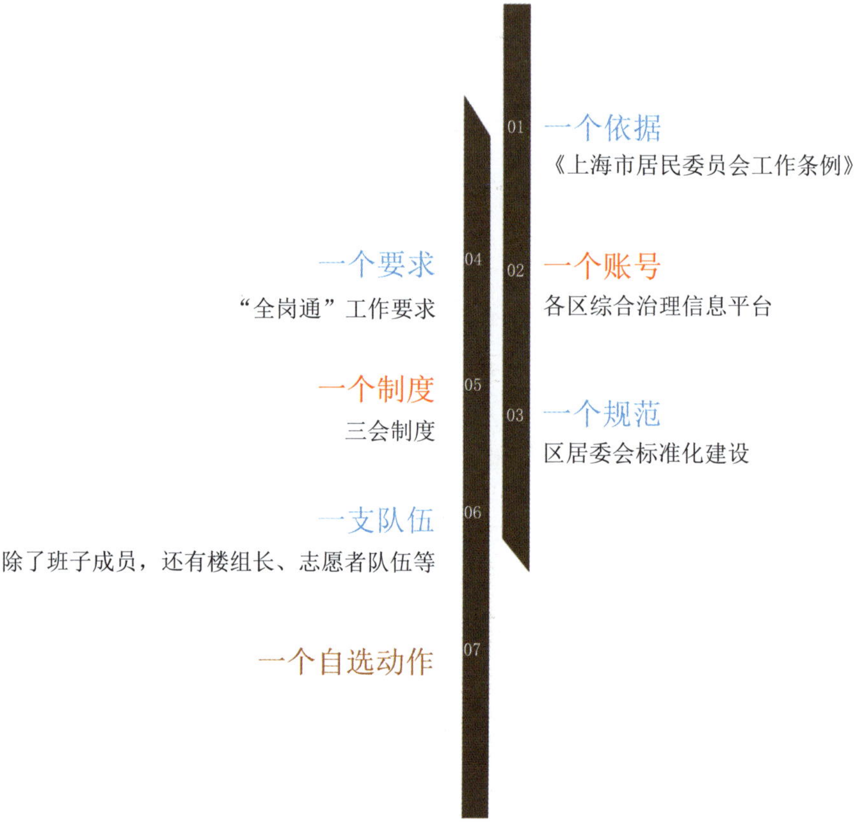

图1　居委会要掌握的信息框架图

深呼吸·打造最佳状态

小练习

你觉得居委会主任、委员有哪些特质？有哪些岗位职责？

⇨

正确理解岗位职责、职业素养，并为即将担任的社区工作者身份做好充足的准备，是入职过程中第二重要的部分。

居委会主任、委员不仅要知悉所负责的工作，更要明确自身工作的重要性，以及如何完成各项工作以符合工作目标。

一、面对岗位的自我认知

居委会主任、委员常常需要处理社区“家里事”，与社区形形色色的人打交道。对于你们而言，要想做好、做实社区工作，需要有充分的自我认知，包括对自我的认知、对岗位的认知。

对于居委会主任、委员的特质，我们期待这样的你——爱岗敬业、认同社区价值观、熟悉所负责的条线业务、熟悉社区的运作、能够主动且高效的完成各项工作任务。

在此基础上，居委会主任能具备强烈的领导意识，具备良好的个人素质和知识结构，更具备在认识问题、分析问题和综合处理问题等方面表现出来的领导能力。具体特质可见图2。

图2 居委会主任重要特质关键词

二、了解自己的岗位职责

（一）居委会主任的工作职责

居委会主任的工作职责包括以下内容：

发挥居委会主导作用，组织引导居民依法开展自治活动，有序参与社区治理。积极探索多样化的自治实现形式和途径，为居民群众搭建自治载体提供支持，推动居民参与的制度化规范化。动员引领社会组织、驻区单位、社区骨干、志愿者等在社区治理和服务中发挥积极作用。加强对业委会的指导和监督，促进业委会和物业公司依法运行。依法协助政府及其派出机关做好与居民利益相关的公共服务、公共管理、公共安全工作，推动政府治理与居民自治的有效衔接和良性互动。

1. 牵头协调方面

（1）一般每月召开一次居委会办公例会，沟通居委会近期各项工作；讨论居民提出的意见和建议，研究解决处理的途径和办法；传达和布置街道（镇）的指导意见；汇报和检查年度计划落实情况；讨论居委会工作经费使用情况等。

（2）一般每月召开一次楼组长例会，沟通交流工作。

（3）一般每半年召开一次居民会议，汇报半年工作，听取居民意见、建议，讨论决定居民区工作的重大事项。

（4）召开听证会、协调会、评议会等；对涉及居民切身利益的居民区公共事务，听取居民的意见和建议，组织引导居民有序参与自治事务。

2. 示范引领方面

（1）带头拥护党的领导，执行党的路线、方针、政策和国家法律法规。

（2）模范遵守社区各项规定和居民会议的各项决议，完成各项工作任务，自觉接受评议监督。

（3）带头并组织居委会成员们走百家门、知百家情、暖百家心、解百家难。

（4）带头做好值班带班等工作。

3. 主要工作职责

（1）主持本居委会全面工作，协助书记做好居民区各项工作。

（2）组织推进居民自治工作，执行居民会议决议和居委会的工作决定，按时向居民会议报告工作，接受评议监督。

（3）团结和组织居委会成员认真履行所担负的职责，协调居民委员会成员之间的关系，充分发扬民主。督促检查其他居委会成员的工作，督促下属委员会认真贯彻落实居民会议和居委会的工作决定，帮助解决工作中遇到的问题。

（4）推进建立居委会协同城市网格化管理机制，组织居民加强本社区的自我巡查、自我管理、自我监督，及时发现和解决问题。

（5）加强居委会的资产和经费使用管理，做到财务公开，民主理财；加强印章使用管理、社区档案管理。

（6）组织并落实居务公开。

（7）协助做好业委会组建和换届选举的组织工作，指导业委会建立健全日常运作的工作制度。

（8）密切与居民区内各单位、社会组织，社区骨干、志愿者的联系，共同推进社区建设。

（9）组织并落实协调行政事务（公共管理、公共服务、公共安全）的相关事项。积极向政府及其派出机构反映社区工作情况，及时反映居民群众的意见和要求。

（二）居委会委员的工作职责

居委会条线繁多，包括社会救助、拥军优属、征兵、精神卫生、计划生育、公共卫生、社会保障和劳动就业、文教、老龄、民政、治保、调解等，一个居委会委员基本对应一到两条线。各条线有更为详细的工作任务和职责要求，居委会委员需按要求完成。

居委会委员具共性的工作职责包括以下内容：

（1）宣传宪法、法律和国家的政策，维护居民的合法权益，教育居民依法履行应尽的义务，开展多种形式的社会主义精神文明建设活动。

（2）协助协调并落实行政事务（公共管理、公共服务、公共安全）的相关事项。

（3）调解社区民事纠纷，促进社区内部的团结友爱、互帮互助。

（4）明确所负责的区块，定期走百家门、知百家情、暖百家心、解百家难。

（5）组织居民积极参与辖区的各项自治活动、服务工作。

（6）完成居民区党总支书记、居委会主任交办的任务。

三、解析自我的能力素养

在社区工作中，能够明确自身能力大小，能够给自己打分，能够清晰自己的优势和劣势，能够准确地进行自我分析，是新任居委会主任、委员的基础步骤之一。通过对自我的分析，旨在深入了解自身，锻炼自己解决自身问题的能力，从而不断自我成长。

依据上海社区工作者队伍建设的相关要求，结合居委会主任、委员的实际特质，我们设计了一份社区工作者能力体系（见图3），该体系涵盖了社区工作需要养成的职业态度、需要具备的实践技能、需要掌握的基本知识，可供参考。

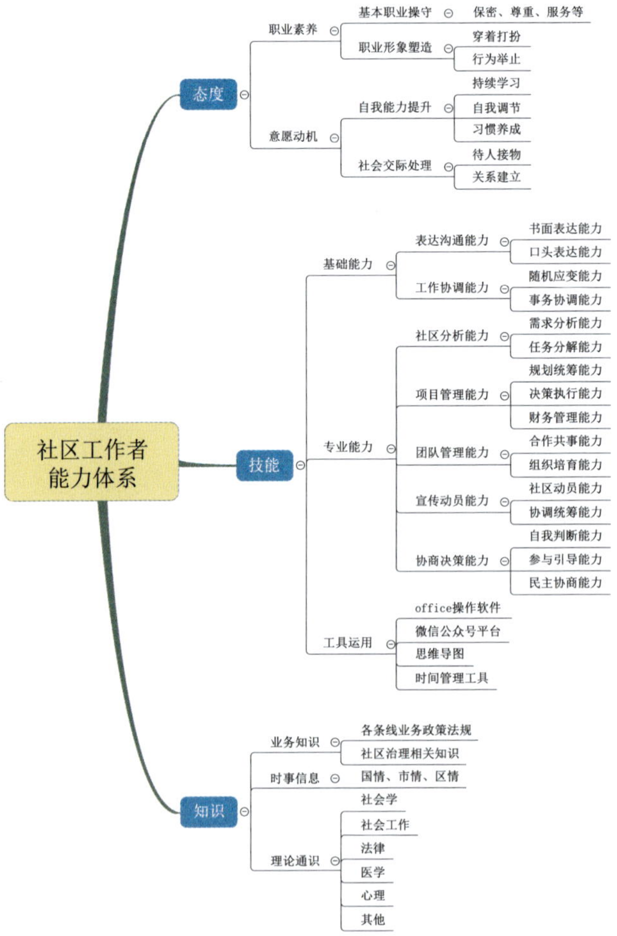

图3 社区工作者能力体系

同时，我们设计了一份居委会主任、委员能力自我分析表（见表2），可结合能力体系，解析自我，加速自我提高进程。

表2　居委会主任、委员能力自我分析表

我认为主任/委员应具备的能力	我个人具备的能力和优势	我还需要学习的方向
填写说明		
（1）本表中所涉及的能力，包括但不限于图3能力体系，可结合实际情况增减 （2）建议一一对应，每个能力都能发现特别优秀的一面，以及需要继续学习的一面。如“应具备能力”填写表达能力，而表达包括口头表达、文字表达，“优势”是文字表达，“需要学习”为口头表达 （3）对于自我的描述，建议具体、详细，甚至可以运用实际案例来佐证		

关于居委会主任、委员的能力素养、能力测评、能力提升等内容，将在后续章节详细论述，这里不再一一列出。

四、进入工作的自我调适

根据相关规定，居委会主任和委员是由本居住地区全体有选举权的居民或者居民代表选举产生的。[3]无论是第一次当选，或是连选连任，作为新一届的班子成员，在身份角色、心态调适、工作环境等方面，皆需要进行不同程度的调整和改变。关于入职前的一切准备，在尚未正式就任前就开始了。

3. 全国人大常委会. 中华人民共和国城市居民委员会组织法（2018年修正）. 2018.

（一）身份角色转换

居委会是居民自我管理、自我教育、自我服务、自我监督的基层群众性自治组织，也是党和政府联系人民群众的桥梁和纽带之一。居委会的工作模式有别于政府机关、企事业单位，因而，无论是经验丰富的社区工作者，还是刚迈入社区的“新人”，都将面临重重压力和挑战。如何面对角色挑战，是新任居委会主任、委员的首要难题。

1.个人穿着打扮的改变

社区工作者具有较明显的着装风格，一定程度代表着党和政府的形象。我们提倡在追求自我个性、审美品位的同时，以庄重大方、朴实得体、合乎身份为原则，外在形象给居民以“可信任的”“可沟通的”“可亲近的”感受，尤为重要。

2.个人工作模式的转换

新的职务岗位，需要新的能力素质支撑，因而需要居委会主任、委员转变观念、勤学多思。居委会主任、委员因属地化的特殊性质，常需要“近距离”面对社区各项事务，更需要调整固有思维和工作模式，加强时间管理，可以借助一些时间管理的软件或工具，如日程类App、定点闹钟等。

（二）心态调适管理

身份角色转变了，势必需要调整心态。所谓心态调适，是指通过自我学习、反思后，意识到自身的不足、变化，从而逐步调整、校正以达到合适的地步。

1.理顺人际关系

社区工作主要做“人”的工作，因此居委会主任、委员入职后首先遇到的挫折，往往来自人际关系的协调，包括与居委会成员的内部关系、与居民区党总支书记的协作关系、与社区各居民小组及自治团队的关系、与物业及业委会的关系等。理顺人际关系，便是要求居委会主任、委员能对各群体人际关系的复杂性、微妙性有足够的认识，并做好一定的准备。

2. 调低心理预期

社区工作的很多事项并非一蹴而就的，尤其刚入职场，业务尚不精通、情况尚不熟悉、定位尚不清楚，某些时刻会打击到居委会主任、委员的工作积极性。在实际工作中，有时需要社区工作者多次上门慰问、调解；有时持续推进的工作也会受到外在影响而暂停；有时还会遭受居民的误解、批评、责骂等。因此，面对社区工作、面对社区居民，居委会主任、委员都要做到耐心、细心、恒心。在此基础上，调低心理预期，一旦结果高于预期，不仅会提高自身的信心，还会增添自身动力。

（三）工作环境布置

受限于居委会的办公环境，办公室的安排和摆设常被忽略，虽然这对工作起不到决定性的作用，但一个良好的办公环境，在长期看来，是十分重要的。与其在“拖延症”后找时间打理，不如在入职头几天主动处理好。

可以提前罗列自己需要的物品清单，如纸笔、马克杯、文件袋，甚至办公椅靠垫、备用拖鞋、正装（衬衫）等，入职后根据实际再进行增减。

最完美的办公室应该是这样的——物品一应俱全，并根据你的使用习惯依次摆放。办公室内的物品是需要花费一番心思的，包括文件柜、办公设备、文件夹等办公用品，以及个人日常习惯的小用品等。

想想自己希望在怎样的环境中工作，希望自己的工作区域向外界传递怎样的信息。

测浮力·勾画能力曲线

小练习

你觉得居委会主任、委员最重要的技能是什么？应该有哪些能力？

⇨

社区工作者的队伍是职业化、专业化、规范化的，在积累了一定的社区工作者培训实践经验、借鉴了人力资源管理相关理论的基础上，结合前文提及的社区工作者能力体系，我们尝试对社区工作者任职所需具备的“能力内涵”进行解剖，对“能力测评”进行解读，对“能力提升”进行解惑，以协助居委会主任、委员清晰能力体系，查找工作短板，对症下药培训。同时，鼓励各位表现自我个性，树立自身形象，发挥自身特长，成为更酷、更有气质的社区工作者。

一、了解社区工作者能力

（一）明确能力要素

依据社区工作者队伍建设和管理实际，本书所指“能力”，是指社区工作者有效履职时所需具备的一系列基本特点和行为模式。能力是通过可观察及衡量的行为和结果来进行表现。

简单而言，能力是社区工作者开展社区工作所需的态度、技能和知识的结合。具体见图4。

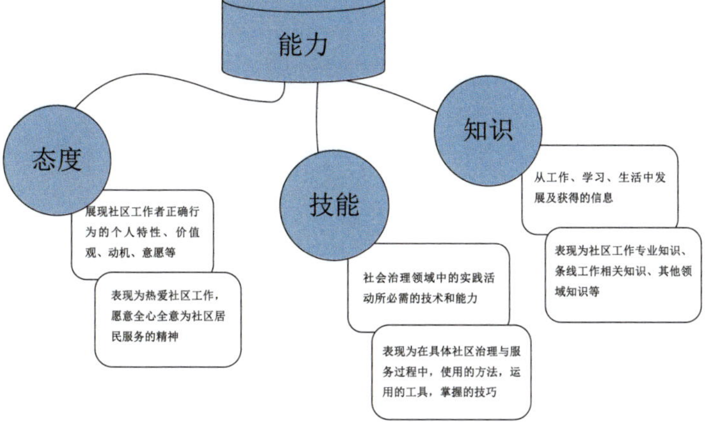

图4　社区工作者能力构成要素

关于态度、技能、知识三者的关系，可这样概括：

态度是指导你愿意还是不愿意做事情的动力系统，能让你拥有动力去练习技能及获取知识；技能是知识水平的外在体现，影响态度积极性的表现；知识掌握程度决定技能实践的水平高低，促进工作态度的转变。

为更进一步清晰社区工作者能力模型，下面引用“冰山模型”的概念，对能力的三要素进行关系呈现。

美国著名心理学家麦克利兰于1973年提出了“冰山模型”（见图5）[4]，该模型将人员个体素质的不同表现划分为表面的“冰山以上部分”和深藏的“冰山以下部分”。“冰山以上部分”是外在表现，是容易了解与测量的部分，较容易改变和发展；“冰山以下部分”是内在的、难以测量的部分，不太容易通过外界的影响而得到改变，但却对人员的行为与表现起着关键性的作用。

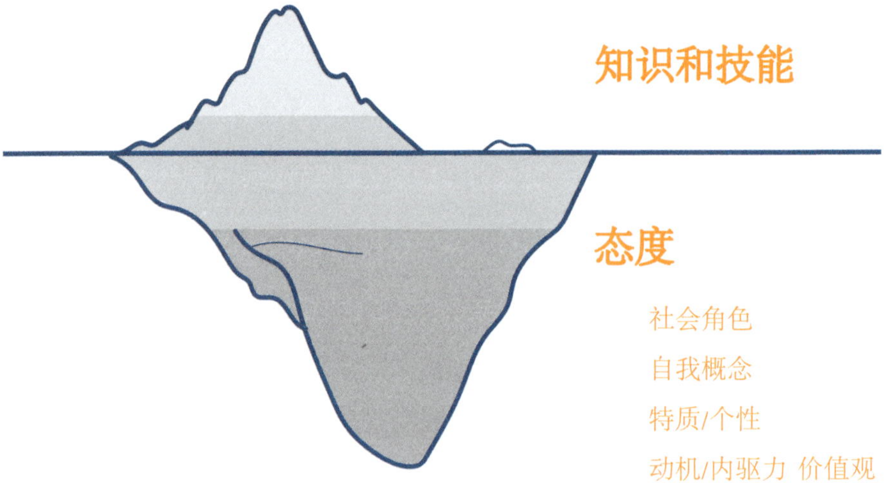

图5　冰山模型

4. 水藏玺、向荣、刘洪良. 胜任力模型开发与应用. 北京：中国经济出版社. 2019.

回应到能力三要素，知识和技能与工作所要求的直接资质相关，能够在短时间使用一定的手段进行测量，也可获得提升。态度难度量，只有其主观能动性变化影响到工作时，其对工作的影响才会体现出来。

（二）能力要素详解

1. 态度

态度是指导社区工作者自身行为方向的思考认识，包括职业素养和意愿动机两方面。

（1）职业素养

职业素养是社区工作者的必修课。显性素养如职业形象塑造，隐性素养如基本职业操守。

职业形象塑造从穿着打扮、行为举止上可见一斑，往往构成居民对居委会主任、委员的第一印象。而基本职业操守侧重于社区工作者的服务理念，包括保密原则、非评判原则、自决权、个别化原则、真诚与接纳、平等沟通等。

（2）意愿动机

意愿动机更多表现在“自愿自主学习”上，是人生态度之一。居委会主任、委员可从两方面入手——自我能力提升和社会交际处理。

自我能力提升包括持续学习、自我调节和习惯养成，旨在打造并保持良好的精神状态，积极面对社区中的“疑难杂症”。假使说“自我能力提升”是“修心”的表现，那么社会交际处理则是鼓励“修行”，包括待人接物、关系建立两方面，通过与外界的联结、交流，以端正自身行为，增强社会活动。

2. 技能

技能在本书中泛指一切具有某种可操作性的实践活动，可通过训练或经验使得某种技术运用达到某种熟练性。技能包括基础能力、专业能力以及工具运用。

（1）基础能力

基础能力指社区工作者应具备的适应社区工作所需要的最基础的知识、技能、学习能力。最基础的能力包括表达沟通能力以及工作协调能力，这两种能力也被视为社区工作的“地基性技能”。

表达沟通能力表现为书面表达和口头表达两方面。常见的书写能力如撰写汇报材料、微信公众号文章、媒体通稿、活动简讯等；口头表达包括常规工作汇报、日常表述（如与社区居民的交流、会议发言、专题演讲等）、业务洽谈等。良好的表达沟通能力，尤其是口头表达能力，有助于居委会主任、委员快速熟悉社区居民，推进工作开展。

工作协调能力体现在社区工作者处理危机事件和化解矛盾上，也体现在团队间的跨条线工作、“全岗通”服务等，前者为随机应变能力，后者为事务协调能力。面对社区各项问题，如何快速解决；面对社区各类人群，如何快速融入，皆是对居委会主任、委员的考验和要求。

（2）专业能力

在稳固基础能力的基础上，还需要不断加强专业能力。专业能力即社区工作者进入该行业后表现出的专业素养、职业管理的能力。综合考量社区工作的岗位职责，我们认为居委会主任、委员必须具备以下特殊能力，以实现专业化、职业化。

①社区分析能力

社区分析能力包括对社区的需求分析能力、对事项的任务分解能力。如社区需求调研工作、社区信息收集、社区资源排摸、入户走访勘查、条线工作梳理等。

②项目管理能力

结合社区自治项目的运作，项目管理能力表现为规划、统筹、执行能力。从前期的设计理念，到中期的项目策划、执行，再到末期的管理、总结等，该能力将贯穿于整个自治项目中。

③团队管理能力

团队管理能力不仅是领导的专属技能，对社区工作者而言，如何管理居民团队、如何培育社区自治组织，也是团队管理的表现之一。

④宣传动员能力

社区动员能力是宣传动员的核心能力，包括发动社区居民、引导参与自治、共治资源挖掘等技巧，同时，组织开展居民活动、会议等，做到协调统筹，也是该能力的必修课。

⑤协商决策能力

协商决策能力包括自我判断能力、参与引导能力和民主协商能力。该能力强调通过与相关方的互动、协商，从而做出决策，对社区工作者当下的判断和引导能力要求较高。

（3）工具运用

熟练运用各项辅助工具，也是社区工作者的必备技能，包括操作Office软件、运营微信公众号平台、制作思维导图、使用时间管理工具等。

3. 知识

知识包括事实、信息的描述或在实践中获得的经验。基于社区工作者的教育经历和实践经验，需其掌握的知识包括业务知识、时事信息、理论通识。

业务知识以社区工作者的条线为出发点，涵盖各条线业务政策法规以及社区治理相关知识。时事信息偏重于对国情、市情、区情的学习了解上，有利于打造社区工作者的宏观视角和思维。理论通识涵盖面较广，除社会学及社会工作的配套课程外，还需要学习基础法律知识、简单医学常识、心理学知识、居家安全知识等。

二、关于能力测评分析

（一）能力测评分析表

根据社区工作者的能力体系、能力要素的核心内涵，我们设计了一份社区工作者能力测评分析表，见表3。

能力测评的评分采取5分制，即将1—5分作为评价区间。居委会主任、委员可以结合能力的描述，依据个人实际情况，进行打分。能力评分的总分以各能力项得分的平均分呈现，引导各位清晰自身能力现状。

表3　社区工作者能力测评分析表

能力要素	内容	相关描述	分值（1—5分）
态度	职业素养	对社区工作有高度认同感、使命感、职业归宿感，愿意视为事业	
	意愿动机	对工作具自主性，投入较多热情，有较高的责任心、上进心，能够积极、主动学习，具工作敏感性	
技能	表达沟通	掌握语言沟通和书面表达技巧，思路清晰且简洁明了，能够进行良好的信息反馈、呈现	

（续表）

能力要素	内容	相关描述	分值（1—5分）
技能	工作协调	专注本职工作，并能配合其他工作。主动性强，能调整自身，以适应工作需要，并且，需要协调的工作进展较快	
	社区分析	熟悉并及时跟踪了解所辖社区基础信息，熟练掌握社区分析方法，能够运用社区分析工具挖掘社区问题、明确社区需求	
	项目管理	了解项目管理知识，策划、执行、管理过3个以上社区自治项目，并能形成项目经验和案例	
	团队管理	具有合作精神，善于领会他人的意图并作出合适的回应，可协调团队工作；能够激励团队，带领团队达成目标	
	宣传动员	善于运用并整合资源，凝聚社区各相关方，运用各种手段组织议事，为社区各类主体的沟通创造条件和机会	
	协商决策	善于引导协商，平衡各方利益，协商氛围；及时判断决策时机，合理权衡，优化选择，提出适宜方案并执行	
	工具使用	熟练运用3个以上操作工具，如思维导图、Word操作、Excel操作、PPT操作等，并能够传授或指导他人	

（续表）

能力要素	内容	相关描述	分值（1—5分）
知识	业务知识	不仅熟悉所负责业务的相关政策资讯、社区治理知识，对其他条线也有所涉猎，能将业务知识运用到社区工作中	
	时事信息	关注时事信息，通过各种渠道接触时事前沿，主动学、知晓、了解，有自我的观点。	
	理论通识	知识面广，对各类知识有所了解、涉猎；掌握社区工作核心知识，有自己的知识体系，能够传授或指导他人	

（二）能力测评方法

依据社区工作者不同的工作年限、经验积累，居委会主任、委员可结合自身实际情况，依据社区工作者阶段式能力测评分析表（见表4）进行能力测评。

表4　社区工作者阶段式能力测评分析表

能力要素	内容	测评分值（1—5分）			
		期待值	刚入职时	入职一年后	入职____年后
态度	职业素养				
	意愿动机				
技能	表达沟通				
	工作协调				

（续表）

能力要素	内容	测评分值（1—5分）			
		期待值	刚入职时	入职一年后	入职____年后
技能	社区分析				
	项目管理				
	团队管理				
	宣传动员				
	协商决策				
	工具使用				
知识	业务知识				
	时事信息				
	理论通识				

如表4所示，我们将社区工作者的工作经历划分为三个阶段——刚入职时、入职一年后、入职___年后（若测评时即为入职一年后，则无需重复填写）。

现阶段，居委会主任、委员可进行“期待值”预估；在入职1—3个月后，进行“刚入职时”的测评。等工作相对稳定后，再进行“入职一年后”“入职___年后”的测评，并进行数据对比，以发现能力提升空间和方向。

实施测评方除自身外，包括但不限于上级、同事、服务对象等。

举个简单的例子，以自评为例，某居委会委员小郭在工作三年后，她填写的能力测评分析表见表5。

表5 小郭 阶段式能力测评分析表

能力要素	内容	测评分值（1—5分）			
		期待值	刚入职时	入职一年后	入职3年后
态度	职业素养	5	3	4	4
	意愿动机	5	2	3	4
技能	表达沟通	5	2	4	5
	工作协调	5	2	4	5
	社区分析	4	1	4	4
	项目管理	4	1	3	4
	团队管理	4	1	3	4
	宣传动员	4	2	4	5
	协商决策	3	2	3	4
	工具使用	4	2	3	4
知识	业务知识	5	2	4	4
	时事信息	4	3	4	5
	理论通识	4	2	2	3

根据自评表的分值结果，可通过Excel或其他统计工具，生成能力雷达图（见图6）：

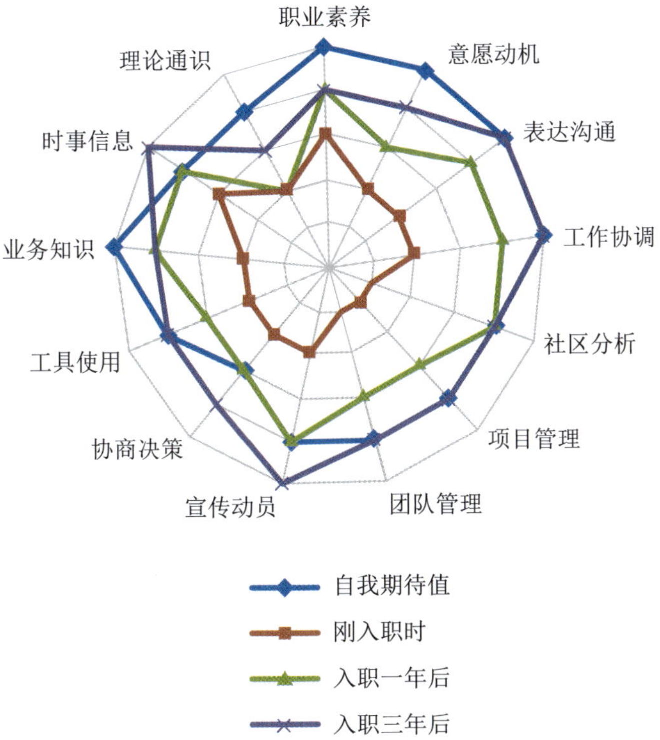

图6　某社区工作者能力雷达图图示

通过雷达图，居委会主任、委员可清晰看到自身在各能力间的差值，以及在每个阶段的成长空间。雷达图有助于社区工作者了解自身能力优势、劣势，可作为下阶段学习调整的参考依据。

此外，雷达图可进一步做组合简化，进行阶段性的两两比对，社区工作者可根据实际调整。关于雷达图的制作，也是社区工作者在工具运用能力的体现之一。

三、掌握能力提升方法

通过能力测评，居委会主任、委员可明确自身优势及短板，其能力的巩固和提升大多可依靠培训以及实践来获得（见图7）。

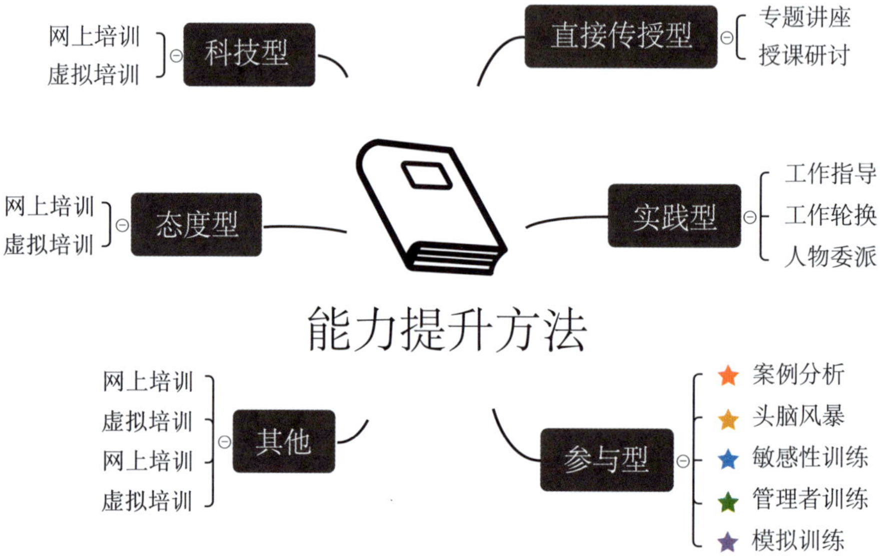

图7 社区工作者能力提升方法示意图

（1）直接传授型培训法，即通过专题讲座、授课研讨等形式对学习内容进行直接了解。

（2）实践型培训法，包括工作指导、工作轮换以及任务委派，强调实务操练、实战经验的积累。

（3）参与型培训法，涵盖案例分析、头脑风暴、敏感性训练、管理者训练、模拟训练等，打造团队参与的氛围，鼓励所有人发表观点，以进行思想碰撞，自我启发。

（4）科技型培训法，包括网上培训、虚拟培训等，如目前广为流传的“慕课”“公开课”，打破时空限制，灵活性大，学员可自主学习。

（5）态度型培训法，包括角色扮演、拓展训练，主要针对学员的行为调整和心理训练开展。

（6）其他方法，如函授、进修、参与读书活动、参观访问等形式。

四、重点学习内容

每一种能力的获取和提升，皆需围绕重点学习内容，我们梳理了各项学习内容，并匹配相对合适的提升方法，供参考（见表6）。

表6　社区工作者重点学习内容清单

序号	要素	能力	重点学习内容	提升方法
1	态度	基本职业操守	● 社区工作者的专业素养 ● 社区工作的理念、价值观等	传授型
2		职业形象塑造	● 职场礼仪 ● 社区亲和力的塑造等	传授型 参与型
3		自我能力提升	● 心理咨询以调整心理状态 ● 自我压力和情绪管理 ● 微习惯养成等	传授型 参与型
4		社会交际处理	● 待人接物、为人处世的相关技巧 ● 社区关系的协调处理 ● 媒体及新媒体的运用等	传授型 参与型
5		表达沟通能力	● 各类文书撰写，包括公文写作、工作总结、活动策划、个人小结等	传授型 实践型 参与型 态度型

（续表）

序号	要素	能力	重点学习内容	提升方法
5	技能	表达沟通能力	● 人际沟通的技巧 ● 演讲的表现力 ● 社区访谈的相关技巧等	传授型 实践型 参与型 态度型
6		工作协调能力	● 社区危机事件处理 ● 社区突发性事件的应急处理 ● 社区居民事务调解技巧 ● 社区信访矛盾的化解和处置等	传授型 参与型
7		社区分析能力	● 社区分析工具培训 ● 社区调研步骤和内容 ● 入户走访的技巧 ● 各条线工作的轮换及了解等	传授型 实践型
8		项目管理能力	● 社区项目的策划及项目书撰写 ● 对社区自治项目的了解 ● 项目全周期管理 ● 项目预算管理等	传授型 实践型 参与型
9		团队管理能力	● 高效团队特点及培养 ● 工作指导、工作轮换及工作授权 ● 社区社会组织培育 ● 社区志愿者的挖掘和管理等	传授型 参与型
10		宣传动员能力	● 社区动员的方法与技巧 ● 社区资源开发和管理 ● 居民区会议的规划、召开等	传授型 参与型
11		协商决策能力	● 社区防控力 ● 导向判断的意义 ● 视觉引导的核心方法 ● 议事规则与沟通协商机制等	传授型 实践型 参与型
12		工具使用	● 办公软件的日常操作 ● 微信公众号的建设与运营 ● 工作效率提升技巧 ● 高效时间管理 ● 社工游戏设计与技巧等	传授型 参与型

（续表）

序号	要素	能力	重点学习内容	提升方法
13	知识	业务知识	● 各条线业务政策法规 ● 社区治理相关知识，包括基层党建实务、社区治理发展、社区自治与共治、业委会工作等	传授型 参与型
14		时事信息	● 国情、市情、区情	传授型
15		理论通识	● 社会学、社会工作专题课程 ● 法律相关知识，包括民法总则的解析、物业矛盾纠纷、居民民事事务等 ● 医学常识：社区急救知识 ● 心理辅导技巧及心理效应等	传授型

然而，需要明确的是，表6所列的提升方法，并非是获取该能力和学习内容的唯一渠道，仅为路径之一，居委会主任、委员可结合自身实际，运用多种方法深入学习。

稳站立·启动入职行动

小练习

你觉得社区的“人”有哪些特点？居委会主任、委员要如何面对?

⇨

在了解了社区全貌、岗位职责、能力体系后，在进入社区的过程中，居委会主任、委员对诸多情况仍不甚了解，包括本社区的概况、本社区的环境格局、本社区的志愿者力量、本社区的难点问题等。在入职的初期阶段，往往处于被动工作的状态。

“深观察”“勤沟通”“看趋势”“跟导师”，无疑都是帮助居委会主任、委员快速进入角色的“捷径”。而随着工作的推进和经验的累积，居委会主任、委员就能逐渐在社区站稳脚跟。

一、入职第一天

即便各位居委会主任、委员在入职前，已在社区“摸爬滚打”过，如作为志愿者协助社区活动、主任曾任委员处理社区事务等，短则数月，多则数年，但正式成为一名社区工作者后，入职的第一天仍被视为工作的起点。

心理学“首因效应”指交往双方形成的第一次印象对今后交往关系的影响，强调了第一印象的强作用力。在此，建议各位居委会主任、委员能够把握好入职的第一天。

居委会主任作为居委会队伍建设的“领头羊”，居委会委员作为居委会队伍的“新鲜血液”，在迈入办公室的那一刻，已聚集了一定的“注目礼”。办公室的人们——已在岗的社区工作者、前来寻求帮助的社区居民，他们都将开始关注你以及你的潜在影响力，甚至会基于第一印象做出自我判断。社区工作，是人的工作，可能从这一刻便开始了。

从来没有哪两个社区工作者的第一天是一模一样的，各人的情况不同，第一天的计划也不同。我们从搜集到的社区案例中，总结归纳出一份入职第一天日程表（见表7），可作为行动指南参考。

表7　居委会主任、委员入职第一天日程表

时间段	内容
8:30前	● 进行确认 包括着装、物品携带、时间等 ● 进入社区 沿路可留意观察社区格局，以熟悉社区环境、快速了解社区全貌。可观察的内容包括社区绿化、安全通道、建筑分布、小区人群、公共设施、宣传布置等
8:30—9:00	● 岗位报到 居委会主任与书记碰面交谈，可谈谈上任感受、个人情况等，建立良好合作关系，进行最终确认；与上一任主任交谈，内容包括档案资料、办公设备、重点工作等； 居委会委员与书记及主任碰面，进行基本情况了解
9:00—9:30	● 参与座谈 与居委会各成员打招呼、做自我介绍，并多倾听，了解社区动态
10:00—11:30	● 熟悉办公 学会如何使用你的工作账号（如：各区综合治理服务平台）、电子邮件、工作群组等
14:00—16:00	● 强化信息 协助社区活动、居民会面或社区巡逻，了解、强化关键的信息
16:00—17:00	● 查阅资料 阅览社区存档资料，并做梳理，以方便后续的详细了解
说明： 1. 该表以上班时间8:30—17:00为例 2. 上述时间段皆可调整，且不拘泥于时长	

在实际工作中，上述日程模板将面临着多种变形，且社区面临诸多突发事件，第一天未必就能像表7中那样顺畅。但经实践表明，表7适用于简单寻常的大多数情境，可以把它当做一个行动指南。

对于入职第一天的禁忌，我们列出了一份“七不规范”，不仅适用于第一天，工作中的每一天都应该注意，可以把它当成一个“温馨提醒”，时时警醒。

- 请勿迟到
- 请勿穿着不合时宜的服装
- 请勿无所不言，尤其忌冗长枯燥的自我介绍、强势武断的观点阐述
- 请不要刻意的追求“我要和大家打成一片”而影响同事，往往适得其反
- 请勿对以前的工作或领导评头论足（无论好坏）
- 请勿过多地谈论自己的私生活
- 当然，不要给大家“我第一天无事可做”的错觉

二、接受岗位培训

每位新任居委会主任、委员都会接受相关的岗位培训，时间和内容依据上海市、各区的相关规定开展。

同时，作为社区工作者的一员，还需要自学相关政策文件、法律法规以及各区、街道（镇）其他与居委会工作相关的政策信息，翻阅系列工具丛书等，做到熟悉和掌握。在此基础上，还需了解各自所负责条线的政策法规。

现将相关政策文件、法律规范梳理如下：

- 《中华人民共和国城市居民委员会组织法》(2018年修正)
- 《上海市居民委员会工作条例》（2017年4月20日上海市第十四届人民

代表大会常务委员会第三十七次会议通过）

●《中共中央国务院关于加强和完善城乡社区治理的意见》（民发〔2017〕87号）

●《中共上海市委、上海市人民政府关于进一步创新社会治理加强基层建设的意见》（沪委发〔2014〕14号）

●《关于完善居民区治理体系加强基层建设的实施意见》（沪委办发〔2014〕43号）

●《上海市社区工作者管理办法（试行）》（沪委办发〔2014〕47号）

●《关于加强本市城乡社区协商的实施意见》（沪委办发〔2016〕28号）

●《关于规范管理本市居委会和村委会协助行政事务的指导意见》（沪委办发〔2015〕48号）

●《关于规范管理本市居委会印章使用的指导意见》（沪民基发〔2015〕20号）

●《关于居委会工作经费使用管理的指导意见》（沪财社〔2015〕58号）

●《关于推进本市居（村）民自治章程规范化建设的指导意见》（沪民基发〔2015〕12号）

●《关于规范本市居民区工作绩效评价制度的指导意见》（沪民基发〔2015〕13号）

●《关于推进居民区联席会议制度规范化建设的指导意见》（沪民基发〔2016〕21号）

●《关于规范居村功能、畅通为民服务的指导意见》（沪民基发〔2017〕28号）

另一方面，居委会主任、委员还需要加强同行之间的交流学习和经验借鉴。

三、梳理社区脉络

中医搭脉讲究“望、闻、问、切”四诊法，以判断病人的状态和患病情况。而居委会主任、委员对全局了解社区、社区状况做初步排摸时，也可以借用“社区四诊法”——“走、理、谈、记”。通俗来说，即走访社区、整理材料、访谈人物、勤做笔记。这个四诊法可相互交叉使用，并可应用对社区各方面的掌握。另一方面，居委会“老带新”的指导方式有助于居委会主任、委员强化社区印象、学习更多的社区工作技巧。

（一）深挖社区全貌

我们将构成社区的元素分为社区信息、社区资源、社区动员、社区需求、社区回应、社区评价6个部分（见图8）。

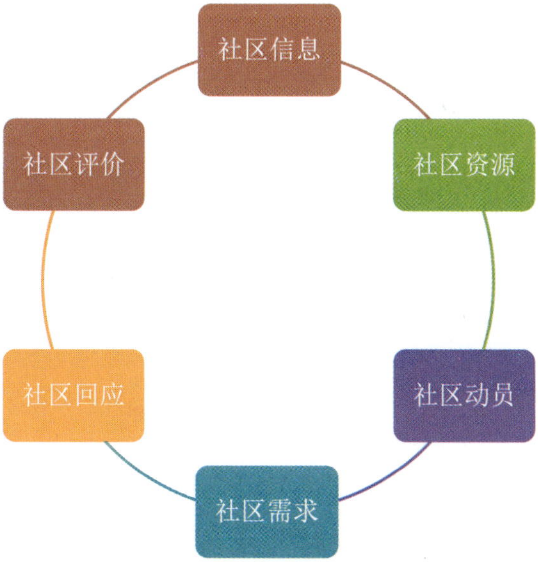

图8　社区元素构成图

社区信息即回答社区是什么样子；社区资源即回答社区里有什么；社区动员即体现如何发动相关方参与；社区需求即说明社区里有哪些需求或问题；社区回应即表明如何解决这些需求或问题；社区评价即体现解决的效果怎么样。要了解社区全貌，须第一时间掌握本社区的基础信息、现状及需求。

居委会主任、委员入职后，还需掌握社区数据，做到“心中有数”。我们梳理了十大社区数据，形成社区基础数据清单，供各位参考。

- 熟记社区总面积
- 熟记社区所含小区数量
- 熟记社区各分块或分片数量及面积、楼组数量
- 熟记社区总户数
- 熟记社区户籍人口数、常住人口数
- 熟记社区党员人数
- 熟记社区团队数量（含核心骨干人数，如核心志愿者、楼组长、居民小组长、团队负责人等）
- 熟记社区弱势群体数量
- 熟记长期固定合作的共建单位数量
- 熟记社区工作者人数

（二）接触关键相关方

社区牵涉的利益相关方数量诸多、体系庞大，其对社区工作的潜在影响及对居委会主任、委员的影响也十分巨大。

图9所示为我们梳理出的居委会牵涉到的利益相关方，关键的利益相关方名单不宜过多、过长，要找准“核心方”，各社区可结合实际情况做进一步调整。

图9　居委会利益相关方图示

根据不同的利益群体，我们还设计了一份居委会利益相关群体分析表及填写说明（见表8），可供参考。

表8　居委会利益相关群体分析表

利益群体	工作职责及内容、资源	关心的利益与问题	对我们的态度	他们的期望	我们的期望	所需信息及行动

（续表）

填写说明	
1. 利益群体	可参照图9利益相关方图示，但实际工作中涉及到的相关方会更多，可增减，建议做分类
2. 工作职责及内容	体现的是利益群体本身的定位、功能和职责内容。如街道为统筹、指导；物业为服务社区；公益组织为承接服务等
3. 关心的利益问题	就利益方关注的重点问题做说明，可分级填写。如问题（1）、（2）、（3），以方便进一步梳理期望及行动
4. 对我们的态度	指利益群体对居委会的态度，如支持（非常支持、比较支持）、观望、不支持等，可根据实情设计评判标准
5. 他们的期望、我们的期望	这两部分指的是利益群体对居委会的期望以及居委会对利益群体的期望，建议以“希望达到XXX（目标）”“希望完成XXX（事件）”的思维来考量
6. 所需行动及信息	体现行动方向或具体的操作步骤，建议具可行性、可操作性
*若想制订行动计划，可将上述内容进一步细化，并做拆解	

四、钻进团队内心

依据相关规定，每个居委会班子成员五至九人，[5] 在这类型的“小团队”中，每个社区工作者的个人特色、做事风格、精神状态都非常明显。而同事关系处得好不好，关系到劲能不能往一处使，也影响着社区工作能不能顺利推进。

（一）了解团队成员

在居委会队伍建设中，居委会主任作为团队领导者，有义务帮助团队以及同事们更全面地理解自己的岗位。对于居委会主任而言，需要确信自己将合适

5. 全国人大常委会. 中华人民共和国城市居民委员会组织法（2018年修正）. 2018.

的社区工作者安排到了合适的岗位。

首先，需要了解社区有多少条线工作，如社会救助、拥军优属、征兵、精神卫生、计划生育、公共卫生、社会保障和劳动就业、文教、老龄、妇女儿童、残疾人等，并了解这些工作之间的关联度、交叉性、紧急度等。其次，需要了解每位社区工作者的优势、劣势、特长、原有条线工作的情况、个人意愿、长远目标等。再次，了解所管辖区域的基本情况及社工分片包块情况。最后，与居民区党总支书记共同协商，对现有人员与条块工作进行匹配、调整、轮换，并提供支持。

我们提供了一份社区工作者简历导图（见图10），该导图可以方便居委会主任通过现有资料或人物访谈，掌握核心信息，以组建一支稳定而高效的团队。居委会委员也可通过这份导图，了解自身、了解他人。

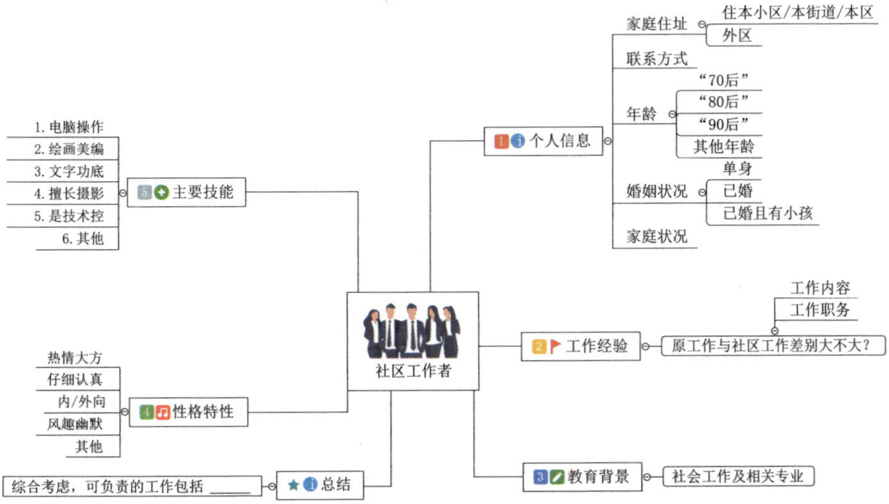

图10　社区工作者简历导图

（二）善于授权分工

在居委会队伍进行合理调整、建立合适轮岗机制的基础上，居委会主任需再次确认团队对工作的熟悉程度、适应程度。在对团队提供支持的同时，居委会主任还需对居委会委员进行充分授权，而社区工作者也需要对社区自治团队、志愿者队伍进行充分授权。

我们划分了如下授权的类型，可供参考。

1. 必须授权的工作

（1）低风险且具强重复性的工作。

（2）结合个人优势，其他同事可以做得更好的工作等。

在此存在的误区，包括必须授权的工作没有授权，以及同事做砸了某事后，就出现不信任感，以后不再授权的心态。

2. 可以授权的工作

（1）具一定挑战性，但风险不大的工作。

（2）具有一定风险，但具可控关键点的工作等。

在此存在的误区是，总担心同事经验少、内向、“豁不出”而不放心。

3. 不可以授权的工作

（1）要本人做且显示身份的工作。

（2）要制订标准或战略的计划、方案等。

（3）重大决策工作。

（4）职责范围内的签字权、权限管理权等工作。

在此存在的误区是，将事情本末倒置，本着“培养优秀人才”而过多地分派工作任务。

谙滑行·驱使社区运转

小练习

你觉得社区工作中比较棘手的难点问题有哪些？

在逐渐适应工作岗位、摸清社区工作模式后，居委会主任、委员开始步上正轨，真正进入社区工作进行长期而艰苦的修炼。然而，社区工作的内核才刚刚开启，这也是居委会主任、委员掌握社区经验的原始积累期，承担着繁重的基础性工作。

一、倾听社区声音

倾听与沟通是社区工作者过硬的技巧之一，且贯穿整个社区工作进程。我们提出倾听社区声音，是考量到社区工作者需时刻审视社区、了解周围的人，倾听他们不同的声音。居委会主任、委员不仅要考虑同事们、居民们、相关部门在说什么，还需要知道他们在做些什么、有哪些需求。

在实际工作中，社区各类问题、需求，逐渐倾向于回笼到居委会。同时，各种社区资源、社区群体间会遇到一些诸如权益分配不均、观点立场不同、价值观和爱好存在分歧、思维模式有所差异等问题，而产生冲突。这便需要居委会主任、委员硬着头皮解决、调解各类纠纷、矛盾和冲突。

（一）关注特殊的声音

在倾听社区声音的过程中，居委会主任、委员尤其需要关注一些特殊的声音。

1. 具有攻击性的声音

攻击性行为包括贬低他人、否定意见、挑战质疑他人、讥笑他人、争夺权力等。对于前来社区闹事的居民或社会人士，打、砸、哭、闹的桥段对有多年经验的社区工作者而言，并不陌生。这类人的行为容易产生负面影响，带来紧张的气氛，甚至出现肢体冲突和危机。

2. 急于抢镜的声音

社区工作中常常会遇到过分活跃、跳脱的人，令居委会主任、委员陷入两难，一方面要保护这些积极分子的参与热情，另一方面又需要从大局考虑，暗示或阻止他们过分的表现。这类人群的主动积极，其行为容易导致出现喧宾夺主的局面，造成其他人的不满。

3. 完全消失的声音

社区中会出现一些“隐形人”，尤其体现在家庭赡养、就业援助等工作中，往往在关键时刻找不到这些人，令居委会主任、委员十分苦恼。他们的消失，将导致诸多个人责任、生活压力反而转移到社区工作者身上。我们也常听到诸多哭笑不得的案例，如老人子女不承担赡养义务，要求社区工作者上门洗衣做饭；老人依赖居委会，事无巨细都需要协助等。

（二）特殊行为矩阵图

针对上述三类特殊的社区声音，以及其背后所代表的特殊群体、特殊行为举止的情况，我们设计了一份社区工作者应对特殊行为的矩阵图，可供参考（见图11）。

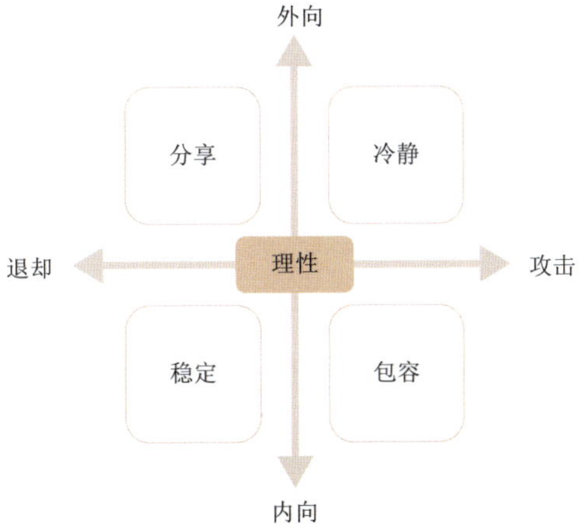

图11　社区工作者应对特殊行为矩阵图

依据冲突的激烈程度以及性格内外向状态，我们将特殊行为按照“进攻—退却”和“外向—内向”两个维度进行划分。横坐标为冲突的激烈程度，纵坐标为性格状态，四象限为应对该状态所采取的策略，分别为“冷静”“分享”“稳定”“包容”。

1. 当人具外向性且行为举止具攻击性，建议采取“冷静”的策略

这是居委会主任、委员最害怕遇到的情景之一，具有攻击性的声音也往往出现在这个矩阵中。所谓冷静，就是不做冲动的反应，避免进入和当事人同样的“战斗”状态。遇到这类冲突，社区工作者应该冷静和敏锐地察觉出问题症结所在，不宜盲目地威胁、挑衅、刺激当事人，其方法是澄清冲突的本质，支持和协助他人共同解决紧张情绪。若事先知道此类人性格，可带上周围同事、熟悉的居民甚至其亲人等共同处理。

2. 当人具外向性而行为举止具退却性，建议采取“分享”的策略

分享的涵义十分广，包括居委会主任、委员能够体验他人的感受和情绪。从实践经验来看，对于外向而不那么具备攻击性的人来说，“好好讲道理”是行得通的。首先需弄清事实，收集尽可能多的信息；其次以缓解矛盾出发，耐心解释；接着通过劝阻，预防事态复杂化或扩大化；最后，将一些事后改善的好结果及时告知本人。“好好讲道理”，是一剂有效良方。

3. 当人具内向性而行为举止具退却性，建议采取“稳定”的策略

内向而退却的人较自我封闭，不主动、不参与，但一旦出现问题和争论，往往更多疑和消极，其反映的问题多为事实存在的问题，也许已经在时间、事态上发展到一定的程度了。对于此类声音反映的问题，不能因为觉得“无伤大雅”“没法处理”而听之任之，要积极调研，以同理心、诚恳以及接纳的态度有效处置，帮助个人及社区度过危机。

4. 当人具内向性而行为举止具攻击性，建议采取“包容”的策略

包容的概念即认为冲突是很正常的现象，是社区工作中不可避免的问题，不是坏事。建议居委会主任、委员具备这样的意识——很多矛盾是可以潜移默化化解的，有时矛盾不公开化，反而有利于矛盾的解决，若不加思考就将冲突公开甚至上纲上线，可能会加剧冲突。对于此类声音，多关注问题产生原因，因势利导共同分析困难，帮其解决能解决的困难，打感情牌是比较有效的。

然而，在实际工作中，社区需接受各方的声音，并非每一种声音都能对号入座，往往具复杂性、综合性，而社区的各类冲突也需要运用专业的矛盾调解方法和技巧来解决。对此，相关职能部门、科室有较清晰的案例介绍、操作指南，居委会主任、委员可在社区实践中将各声音、各方法融会贯通、举一反三，以做到熟能生巧。

二、应对社区风险

社区工作经常面临着诸多意外，如老旧小区在暴雨时引发的居民家中进水、老人突然死亡而救护车难进小区、高空坠物导致的纠纷处理等，还包括台风季面临的防台防汛、疫情或病毒等流行病引发的公共卫生事件等。小到居民家中事，大到国际视野，总有些事情与预期不同，而能否应对突发事件或非计划事件，甚至风险来临时，以及在关键时刻，居委会如何应对、如何防控，都需要在入职时有个“风险预防针”。

（一）排摸社区风险

我们结合各区实际，并参考相关研究报告，将各社区存在的风险汇总，进行了两个象限的划分，一方面为考量潜在的影响因子（见表9），强调风险的自然属性，另一方面为从承灾体脆弱性角度（见表10），强调潜在风险的来源方向[6]，可供居委会主任、委员查阅：

表9 社区潜在风险列表

影响因子	风险因素
自然灾害	暴雨、台风、极端气温（尤其高温）等
事故灾害	交通事故、公共设施和设备事故、火灾事故、施工事故（含违章搭建）、触电事故、辐射事故、环境污染、生态破坏、生产事故、煤气中毒等
公共卫生事件	狂犬病疫情、食品安全、新冠肺炎疫情等
社会安全事件	偷盗（含入室盗窃）、群体性事件、上访事件、拆违事件、其他刑事案件等

表10 社区风险脆弱承灾体列表

维度	灾体	举例
物理上的脆弱性	房屋	结构、悬挂物（含空调外挂、高空花盆）等
	周围高危设施	交通信号灯、加油站、建筑工地、工厂等
	基础设施	道路、电线、水管、煤气管、老旧围墙等
经济社会脆弱性	人群	老年人口比例、未成年人口比例、外来人口比例、贫困人口比例、残疾人口比例、两劳人员比例等

6. 夏剑霞. 上海社区风险评估体系研究. 复旦大学, 2010.

我们引用项目管理理论对风险的划分[7]，将风险划分为三类：

（1）已知—已知风险：明确可能发生什么风险，且对风险发生的可能性和影响有准确了解。

（2）已知—未知风险：明确可能发生什么风险，但对风险发生的几率和严重性并不了解。

（3）未知—未知风险：不了解可能发生什么风险，因此也不了解发生的几率和影响的严重性。

结合社区潜在风险列表以及风险脆弱承灾体列表，两份表格可以独立查阅，也可交叉比对，进行匹配。举个例子，假如单独看“风险脆弱承灾体列表”——该社区老旧，电线、煤气管道、水管等都因长期使用开始出现老化，因而容易造成电线短路、火灾、煤气中毒等事故，给居民生活造成影响。这些事故便是该社区潜在的社区风险。假如“社区潜在风险列表”和“风险脆弱承灾体列表”进行对号入座来看，如2020年年初的新冠病毒疫情，属于公共卫生事件，它带来的危害以攻击人群为主，因而社区尤其要关注到各人群的情况。它在风险类上属于“未知—未知风险”；社区常年在做的防台防汛，是“已知—已知风险”，对于这类事故灾害，需关注因台风、降水引起对基础设施的影响。

（二）风险处置策略

在消除风险阻力和应对风险处置的过程中，建议居委会主任、委员可参考图12所示风险应对流程。

7. 项目管理协会. 项目管理知识体系指南（PMBOK指南）. Project Management Institute, Inc. 2017.

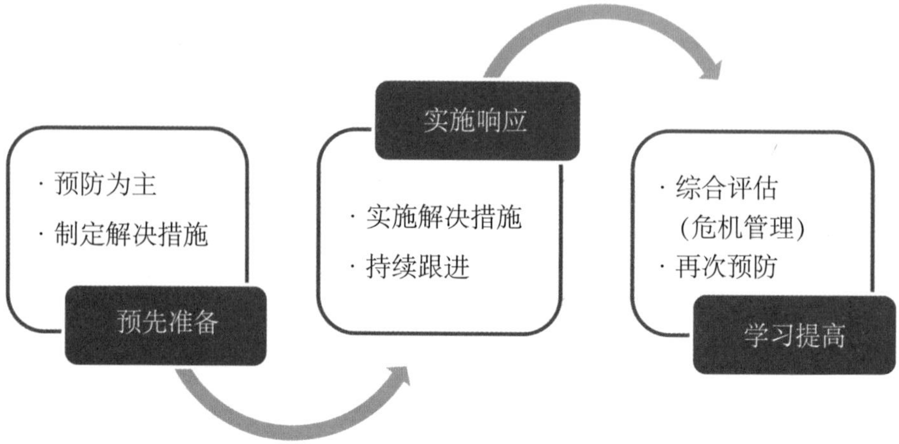

图12　社区工作者风险应对流程图

风险往往是影响工作成败的一种不确定因素，对于居委会主任、委员的应变能力、领导魄力、综合素质都是一种考量。下面针对风险应对的策略提供指导思路，供各位参考。

（1）上报。如果居民区主任、委员认为某项风险不在可控范围内，或提议的应对措施超出了其处理权限，就必须采取上报策略，并向相关部门、相关单位传达详细信息。

（2）规避。风险规避是指采取行动来消除风险，适用于已经预测到的，且发生概率较高，具有严重负面影响的风险。如针对社区的老旧水管、电线，预判其会引发的事故，提前进行维修和更换；大门未装防盗门且大门长期敞开，治安存在隐患，可提前安装大门并引导居民养成随手关门的习惯。

（3）转移。风险转移涉及将应对风险的责任转移给第三方，让第三方管理风险并承担风险发生的影响。风险转移通常需要向承担风险的一方支付费用。社区内比较常见的如购买第三方项目或服务、为志愿者购买保险等。

（4）减轻。风险减轻是指采取措施来降低风险发生的概率或影响。社区中较常见的是定期检查消防栓、设施用具等。

（5）接受。风险接受是指承认风险的存在，维持现有的风险水平。如开展活动时准备的备用金、预留大型活动时间等。

三、增强系统思维

社区工作者的工作职责、思维模式应与其他行业不同，在思考和处理问题时，必须从整体出发，把着眼点放在全局上，注重整体效益和整体结果，这便是系统思维的一种体现。系统思维是一种逻辑抽象能力，整体性是它的核心。

如何锻炼及增强系统思维？系统思维不是学习几个方法就能快速掌握的简单方法，需要在生活和工作中反复训练。

1.多阅读

系统思维是一种复杂的思维模式，涉及认识论。多阅读系统思维的相关书籍，包括工具书、一些伟人传记等，学习字里行间所展示的思维模式，时间长了也就自然而然能主动用类似的思维方式去思考。

2.广涉猎

系统思维需要很多知识、常识、经验作基础，而社区工作者面对社区事无巨细的工作内容和居民需求，成为“百事通”无疑也是一项挑战。建议居委会主任、委员在知识摄入上“广撒网”，广泛了解其他跨行业的知识，而不必追求精通。如法律知识（《民法典》《老年人权益保障法》《未成年人保护法》《劳动法》等）、装修要点、简单的医学常识，甚至还需要了解时下的流行用语、网络趣闻等。一方面，有助于日常与居民的沟通、打开话题，另一方面，有利于培养系统思维能力。

3. 勤练习

居民区的工作例会对于居委会主任、委员来说，是一个练习系统思维的绝佳机会。“怎么说话”一定程度反映了“怎么思考”，建议社区工作者可以在每次开会前撰写发言稿或打腹稿，并在此过程中，推敲条理性和逻辑性。面对重大会议和需发言的场合，可提前几日进行对镜练习，模拟和实战相结合，逐渐培养系统思维能力。

为了帮助社区工作者更清晰地了解系统思维力，我们以居民区最常开展的自治项目为例，提供一份模板参考——假设要设计一个社区自治项目，我们怎么考量？社区自治项目策划思考导图如图13所示。

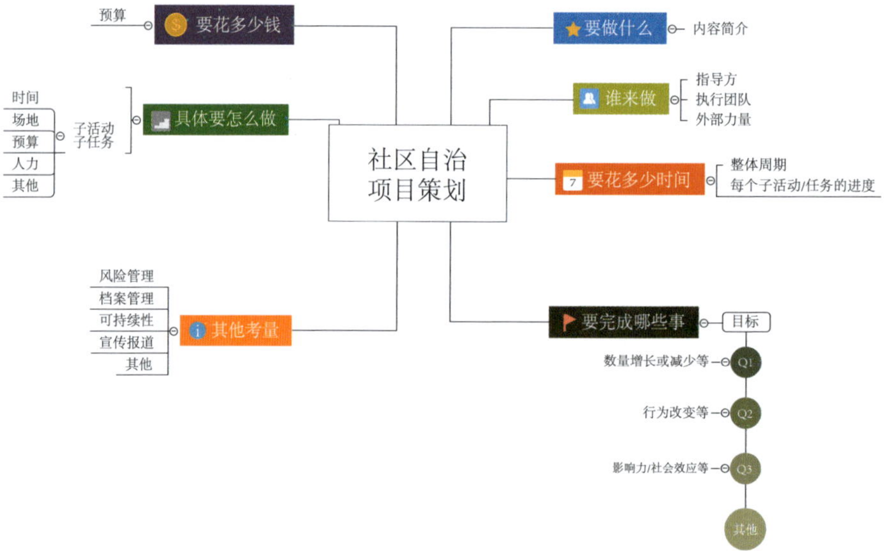

图13　社区自治项目策划思考导图

四、有效复盘工作

在全面了解社区工作、岗位职责、能力体系、班子队伍、社区团队、社区冲突、社区风险等一系列工作期间，我们建议居委会主任、委员还能养成及时及早复盘的良好工作习惯。复盘的实质是从经验中学习。从实践角度来看，越是及时及早的复盘，对于其个人学习与成长、组织与管理能力的提升、社区事务的推进，都具有重大意义和价值。

在此，我们提供复盘的步骤及解析（见图14）[8]，以供参考。

图14　工作复盘步骤图

1. 回顾目标

居委会主任、委员可结合针对居民区工作制定的各项具体目标，回顾并解答此类问题，如“当初行动的意图或目的是什么”“预先预定的计划是什么”“事先设想要发生的事情是什么”等。

2. 评估结果

建议居委会主任、委员养成写工作日记、随手记录的习惯，并侧重体现处理方式、个人反思等，在评估结果时，对应记录回答此类问题，如“实际发生了什么事”“是怎么发生的”等。

8. 邱昭良. 复盘+：把经验转化为能力. 北京：机械工业出版社. 2018.

3. 分析原因

分析原因旨在回答“实际情况与预期有无差异性”问题，若有差异性，需要进一步回答此类问题，如“为什么会发生这些差异”“哪个因素对造成差距的影响最大”“根本原因在哪”等。若实际情况与预期想法一致，更要注重主要成功经验的总结及其可复制性。

4. 总结经验

总结经验旨在回答此类问题，如“我们从过程中学到了什么新东西”“如果有人要进行同样的行动，我会给什么建议”“接下来该做什么”“是否需要向上汇报”等。

为了更清晰的实施复盘，我们在表11中列举了每个阶段可能面对的问题，并提供了对策建议，可供参考。

表11　居委会主任、委员实施复盘示例表

阶段	主要问题	对策建议（方法）
回顾目标	目标不清晰；目标缺乏共识；缺乏实现目标的策略、方法、措施的规划	SMART原则；把目标清晰明确地表示出来；群策群力、合理分工等
评估结果	无法真正做到还原事实	指派观察员；使用录音、录像等；集体研讨等
评估结果	沟通效率低	把握关键、深入分析；系统思考等
经验教训	容易轻易下结论	排除偶然因素；集合类似事件，交叉验证；连续追问等集体研讨等

在工作复盘上，居委会主任不仅要以身作则，带头做复盘，还需要教会并指导其他委员、团队共同复盘，推动实践及运用。我们推行“小事及时复盘、大事阶段性复盘、定期全面复盘”的理念，尤其社区工作常常面临关联性较强、重复度较高、杂乱的事务较多的情形。

附录A　居委会主任、委员入职任务清单

针对居委会主任、委员入职后的工作任务，我们设计了一份为期三个月的任务清单，可供参考。

值得注意的是，该表的使用期并不仅限于三个月内，居委会主任、委员可在持续的工作中进行实时跟进、完善以及复习，结合实际工作进行灵活操作。

序号	任务清单	完成指标
1	适应居委会内部环境，做到得心应手	熟练操作办公设备、工作账号、邮箱、微信&QQ等
2		熟悉居委会条线工作（尤其自身所负责的条线、区块）、相关台账、整体布局； 居委会主任还需了解居委会印章位置、资产条目等
3		了解每一位社区工作者，包括姓名、基本信息，以及他负责的条块工作
4	充分熟悉你的社区，熟记十大基础数据，做到“心中有数”	熟记社区总面积
5		熟记社区所含小区数量
6		熟记社区各分块或分片数量及面积、楼组数量
7		熟记社区总户数
8		熟记社区户籍人口数、常住人口数
9		熟记社区党员人数
10		熟记社区团队数量（含核心骨干人数，如核心志愿者、楼组长、居民小组长、团队负责人等）
11		熟记社区弱势群体数量
12		熟记长期固定合作的共建单位数量
13		熟记社区工作者人数

（续表）

序号	任务清单	完成指标
14	深入了解社区，“迈开腿、张开嘴”，建立良好群众基础	在熟记社区总户数、人口数的基础上，一周内走访不少于7户（重点关注弱势群体），一个月内走访不少于30户
15		在熟记社区团队、核心骨干、党员的基础上，完成不低于60%的走访和交谈
16		在熟记共建单位的基础上，完成不低于60%的走访和交谈
17	深入了解社区，“迈开腿、张开嘴”，建立良好群众基础	参与有居民、社会组织、共建单位等任一方参与的社区议事会议，每月不少于2次； 居委会主任还需负责会议的组织、策划
18		记录每1件参与调解的事项，并记录调解结果。三个月内有效调解率达到90%及以上
19	学习并掌握相关工作方法，打好业务基础，逐步专业化、职业化	积极参加各方组织的相关业务培训，每月不少于1次，三个月内不少于3次
20		学习并掌握至少2种工作方法，如社区分析工具运用、社区动员、议事规则等，熟练运用于社区工作中
21	发挥“领头羊”精神，管理团队，带领团队成长	在熟悉班子队伍、社区自治团队的基础上，开展团建活动不少于1次
22		居委会主任需结合社区实际，制定工作计划（含预算编排）至少1份，并做到让团队知晓、配合、参与

附录B　居委会主任、委员入职任务自评表

结合居委会主任、委员入职任务清单，我们设计了一份入职任务自评表（为期三个月）。居委会主任、委员可对工作成效、业务指标进行测评，更好地推进居民区工作。

<table>
<tr><td colspan="2">自评人</td><td></td><td>所属居委会</td><td></td></tr>
<tr><td colspan="2">自评周期</td><td colspan="3">______年______月______日至______年______月______日</td></tr>
<tr><td>内容</td><td>序号</td><td>主要任务</td><td>分值</td><td>自评分</td></tr>
<tr><td rowspan="2">基础掌握</td><td>1</td><td>掌握基础信息，包括：社区类型、地域范围、人口状况、社区历史、获得荣誉等</td><td>10分</td><td></td></tr>
<tr><td>2</td><td>知晓社区资源，包括：组织资源、社会资源、人力资源、物力资源、财力资源等</td><td>10分</td><td></td></tr>
<tr><td rowspan="3">制度运行</td><td>3</td><td>熟悉掌握居委会管理服务规范的日常工作运行十大制度，包括：错时工作制度、工作碰头会制度、办公例会制度、巡查走访制度、联系群众制度、接待群众制度、信息化制度、约请制度、值班制度、信息报送制度等</td><td>10分</td><td></td></tr>
<tr><td>4</td><td>积极参与区、街道（镇）开展的入职培训；积极参与区、街道（镇）、社会组织开展的专业培训</td><td>10分</td><td></td></tr>
<tr><td>5</td><td>结合社区实际情况，联系多方力量，开展“1+5+X”共治联席会、“三会一代理”制度会议等各类有社区居民参与的社区民主议事会议</td><td>10分</td><td></td></tr>
<tr><td rowspan="2">社区走访</td><td>6</td><td>走访社区居民，包括但不限于党员骨干、楼组长、弱势群体、群团负责人等</td><td>10分</td><td rowspan="2"></td></tr>
<tr><td>7</td><td>走访社区单位，包括但不限于辖区物业公司、共建单位、合作单位、社会组织等</td><td>10分</td></tr>
<tr><td rowspan="3">操作实践</td><td>8</td><td>了解班子队伍、自治团队，指导相关工作</td><td>10分</td><td rowspan="3"></td></tr>
<tr><td>9</td><td>独立策划、开展社区居民活动</td><td>10分</td></tr>
<tr><td>10</td><td>完成工作计划（含预算编排）</td><td>10分</td></tr>
<tr><td colspan="3">总分</td><td>100分</td><td></td></tr>
</table>

该附录评分规则如下：

1.基础数据

任务1：每掌握一项，得2分。

任务2：每知晓一项，得2分。

2.制度要求

任务3：每熟悉掌握一项制度，得1分。完全不熟悉，不得分。

任务4：每参与1次，得1分。培训时长每3小时为1次，不足3小时的，按3小时计算。区、街道（镇）相关部门的工作动员会，不属于该范畴。

任务5：每开展1次，得1分。居委会工作例会，不属于该范畴。

3.社区走访

任务6：熟悉度1%—10%（不含10%），得2分；熟悉度10%—20%（不含20%），得4分；熟悉度20%—40%（不含40%），得6分；熟悉度40%—60%（不含60%），得8分；熟悉度60%及以上，得10分。

任务7：熟悉度1%—10%（不含10%），得2分；熟悉度10%—20%（不含20%），得4分；熟悉度20%—40%（不含40%），得6分；熟悉度40%—60%（不含60%），得8分；熟悉度60%及以上，得10分。

4.操作实践

任务8：每与1个核心成员开展1对1交流，得1分。每开展1次指导工作，得1分。

任务9：每策划、开展1场活动，得2分。若只是主持，得1分。

任务10：每完成1份工作计划，得5分。若计划未含预算，得3分。

附录C 相关法律规范清单

序号	全称	发文单位	发文日期	生效日期
1	《中华人民共和国城市居委会组织法》	全国人民代表大会常务委员会	1989年12月26日（2018年12月29日修订）	1990年1月1日
2	《中共中央办公厅、国务院办公厅印发关于加强和改进城市社区居民委员会建设工作的意见》	国务院办公厅 中国共产党中央委员会办公厅	2010年8月26日	2010年8月26日
3	《上海市居委会工作条例》	上海市人民代表大会常务委员会	2017年4月20日	2017年7月1日
4	《居民委员会职责和工作制度》	上海市民政局	2006年2月14日	2006年3月1日
5	《中华人民共和国民法典》	全国人民代表大会	2020年5月28日	2021年1月1日
6	《物业管理条例》	中华人民共和国国务院	2003年6月8日	2003年9月1日
7	《业主大会和业主委员会指导规则》	中华人民共和国住房和城乡建设部	2009年12月1日	2010年1月1日
8	《上海市住宅物业管理规定》	上海市人民代表大会常务委员会	2010年12月23日（2018年11月22日修订）	2011年4月1日
9	《加强本市住宅小区业主大会、业主委员会建设的若干规定》	上海市住房保障和房屋管理局、上海市民政局	2011年12月24日	2011年12月24日
10	《业主大会议事规则》	上海市住房保障和房屋管理局	2015年7月3日	2015年7月3日
11	《管理规约》	上海市住房保障和房屋管理局	2015年7月3日	2015年7月3日
12	《专项维修资金管理规约》	上海市住房保障和房屋管理局	2015年7月3日	2015年7月3日
13	《上海市住宅物业保修金管理暂行办法》	市住房保障房屋管理局	2013年12月10日	2013年12月10日

（续表）

序号	全称	发文单位	发文日期	生效日期
14	《上海市住房保障和房屋管理局关于加强本市住宅小区业主大会、业主委员会规范化建设的若干意见》	上海市人民政府	2009年11月8日	2009年11月8日
15	《志愿服务条例》	中华人民共和国国务院	2017年6月7日	2017年12月1日
16	《关于加强和完善城乡社区治理的意见》	中共中央、国务院	2017年6月12日	2017年6月12日
17	《关于加强本市城乡社区协商的实施意见》	中共上海市委办公厅、上海市人民政府办公厅	2016年9月18日	2016年9月18日

附录D　社区工作学习参考

一、社区工作者掌上学习机

专业又时髦的社区治理共享平台——自治号

“自治号”微信公众号，拥有其便捷使用和快速阅读的优势，着力打造以微信新媒介为平台的社区治理网上服务平台，拓展社区信息宣传的空间和渠道，实现社区治理成果立体化、多形式的展示与共享。该平台设置三大栏目：

1. 业务树：围绕居民区实际工作，提供可学习、供参考、引思考的专业内容。包括实用工具、不止自治、政策汇、自言治语、书籍推荐5个版块。

2. 成长路：呈现社区工作者队伍的素养提升、身心发展，提供能力建设、工作感悟等内容。包括约课、自治堂、社区笔记3个版块。

3. 专题库：综合上海市、区、街、居重点工作，开设主题专栏，时事热点随时呈现。目前设有社区疫战、十大创新、换届改选、60’s 4个版块。

二、社区工作入门参考书

全国社会工作者职业水平考试指导教材——《社会工作实务（初级）》《社会工作综合能力（初级）》
全国社会工作者职业水平考试教材编写组　编写
中国社会出版社

作为考试教材，本套教材不仅为考生提供了学习社会工作的基础知识，对于广大社会工作从业人员而言，更能够起到普及社会工作专业知识、提升社会工作实务水平的作用。本套教材融理论性、实务性、操作性于一体，理论色彩浓厚，但又是实务性和操作性极强的“工作手册”，将专业理论应用于社区实务工作之中，可供社区工作者深入学习。

21世纪社会工作系列教材——《社区工作（第三版）》
夏建中　主编
中国人民大学出版社

社区工作是社会工作的三大方法之一，也是社会工作的服务领域之一。本书从理论与实务两方面对社区工作进行了详细的论述，讨论了社区的概念、功能，论述了社区工作的含义、目标、特征以及社区工作的工作模式，介绍了国外社区工作理论与实践的历史和我国社区工作的发展历程，阐述了社区工作的价值体系和基本原则。书中更多的篇幅较详细地介绍了社区发展、社会策划、社会行动、社区照顾、社区服务、社区教育、社区矫正、社区组织以及社区工作的过程与方法，可供社区工作者深入学习。

三、社区工作趣味读物

社区会议管理工具书——《居委会的会》
上海市静安区民政局
上海静安区居委会工作研究会　编写
上海文化出版社

面向基层实际，围绕居委会要开展的各类会议进行理念与实践的解析，利用插图、现场照、文字说明等形式呈现居委会对于各种会议的管理方法。本书聚焦会议的意义、会议的种类、会议的准备、会议的开展、会议的跟进等方面，按会议的开展周期进行流程性叙述，即会前、会中、会后三阶段。同时，将居委会的各类会议进行分类，并对会议引导、议事规则、主持人核心能力、会后决策跟进等重点环节匹配相应的实务方法和技巧，形成供基层即学即用的会议管理工具书。

《自言治语——社区治理大家谈》
上海市静安区民政局
上海静安区居委会工作研究会　主编
上海文化出版社

本书由上海市静安区民政局和上海静安区居委会工作研究会联合打造，集合了政府、企业、高校、社会组织、媒体、社区等数十位各界人士的观点，是诸多行业人士跨界参与分享“畅谈自治”“领悟自治”和“明白自治”的自治成果汇总。

后 记

本书在撰写过程中，注重针对性、操作性、典型性和专业性，目的是便于从事社区工作的人员学习参考，尤其适用于新任居委会主任、委员，可将其作为入门之书、岗位说明书。为此，本书所呈现的数据、问题、做法皆基于对社区的大量调研，包括对基层队伍的访谈、对社区案例的跟踪、对社区信息的收集等，相关论述也严格以社会工作专业理论为依据，从而形成系统化的工作指南。

然而，社区工作需要丰富的实操经验，所面对的社区事务、社区群体具有一定复杂性、流动性、发展性，本书所阐述的知识观点、方法模式、操作工具仍需在应用中不断打磨、修订，希望各位同仁提出宝贵意见和建议，以进一步完善。

最后，衷心感谢所有为《新任居委会主任和委员工作指南》出谋划策的伙伴！